BOAS VINDAS

É uma alegria saber que você escolheu este livro para a sua jornada de crescimento. Aqui, compartilho aprendizados de 35 anos de experiência, dos quais mais de 25 foram dedicados à gestão de pessoas e processos, sempre com foco em inovação e resiliência.

Com uma visão que integra direito, psicologia, educação e liderança, trago reflexões e ferramentas práticas para ajudar você a transformar desafios em oportunidades. Este livro aborda as complexidades da liderança moderna, mostrando como alinhar resultados com bem-estar e criar um impacto duradouro.

Que esta leitura seja inspiradora e marque um passo importante na sua jornada rumo à excelência.

Rodrigo Fontoura

INTRODUÇÃO: EXPLORANDO A PSICOLOGIA PARA EMPRESÁRIOS

Ser empresário é uma das jornadas mais desafiadoras e gratificantes da vida. Ela exige coragem, resiliência e uma visão clara do futuro, enquanto impõe pressões implacáveis e responsabilidades que muitas vezes deixam marcas emocionais profundas. Apesar da relevância do papel do empresário na sociedade, o lado psicológico dessa jornada ainda é pouco explorado. Este livro tem como propósito mudar isso, oferecendo uma abordagem prática e reflexiva para enfrentar os desafios emocionais e comportamentais que acompanham a liderança empresarial.

O empresário, muitas vezes, é visto como um solucionador de problemas, um tomador de decisões e um visionário. Contudo, por trás dessa imagem está alguém que enfrenta solidão, pressão constante por resultados e uma necessidade quase infinita de adaptação. Esses desafios vão além da competência técnica ou do conhecimento de mercado – eles requerem habilidades emocionais, criatividade e uma abordagem consciente para gerenciar o impacto que o trabalho tem na vida pessoal e no bem-estar geral.

Este livro começa explorando o que talvez seja o desafio mais universal entre líderes: a solidão da liderança. Estar no topo significa, muitas vezes, lidar com responsabilidades que não podem ser compartilhadas, decisões que não agradam a todos e uma sensação constante de isolamento. Aqui, discutimos como essa experiência afeta o desempenho e o bem-estar do empresário, e apresentamos estratégias para superar o isolamento por meio de conexões autênticas e redes de apoio.

Na sequência, abordamos a pressão por resultados, uma força constante que molda a vida de qualquer empresário. Mostramos como essa pressão pode ser equilibrada com práticas que promovem tanto a produtividade quanto a saúde mental, incluindo redefinição de prioridades e delegação eficaz. Esse capítulo desafia a ideia de que o sucesso deve ser alcançado a qualquer custo e propõe uma abordagem mais sustentável e humana.

Outro tema essencial é a inteligência emocional. No mundo empresarial, a capacidade de compreender e gerenciar emoções – tanto as próprias quanto as dos outros – é uma das competências mais valiosas. Discutimos como a empatia, a autorregulação e a comunicação eficaz podem transformar a maneira como líderes se conectam com suas equipes, resolvem conflitos e inspiram confiança.

A resiliência, por sua vez, é apresentada como uma habilidade indispensável em tempos de crise e mudança. Líderes resilientes não apenas superam adversidades, mas aprendem com elas, transformando contratempos em oportunidades de crescimento. Este livro explora como cultivar essa habilidade e aplicá-la tanto no nível individual quanto no organizacional.

Expandindo essas discussões, incluímos capítulos que tratam da gestão de mudanças e da psicologia da criatividade. A capacidade de liderar transições e estimular a inovação é essencial em um ambiente de negócios que se transforma rapidamente. Esses capítulos oferecem insights e ferramentas para desbloquear o potencial criativo, superar resistências emocionais e liderar com confiança em tempos de incerteza.

Outro ponto de destaque é o olhar estratégico para o cliente interno e externo, explorado por meio do endomarketing e do marketing. Demonstramos como alinhar a experiência do colaborador com as expectativas do cliente é fundamental para construir uma marca forte e uma cultura organizacional coesa. Esse alinhamento não é apenas uma estratégia de negócios, mas também uma forma de integrar pessoas e propósitos em todos os níveis da organização.

Por fim, o capítulo conector integra todos os conceitos apresentados, mostrando como o sucesso sustentável depende de uma abordagem holística que valoriza tanto os resultados quanto as pessoas. Este livro reforça a ideia de que liderar é um ato de transformação – de ideias, de pessoas e de si mesmo.

Mais do que um guia técnico, este livro é uma reflexão sobre o que significa ser um líder nos dias de hoje. Ele desafia o leitor a reavaliar suas crenças, adotar novas práticas e construir um legado que vá além dos números. Liderar, afinal, é uma jornada de aprendizado contínuo, onde cada desafio enfrentado é uma oportunidade para crescer e inspirar.

Ao avançar nas páginas a seguir, convido você a refletir sobre sua própria jornada e a explorar as ferramentas aqui apresentadas. Que este livro sirva como um mapa para navegar pelos desafios e um catalisador para transformar sua liderança em um modelo que inspire confiança, equilíbrio e impacto positivo.

CAPÍTULO 1: A SOLIDÃO DA LIDERANÇA – QUANDO ESTAR NO TOPO É UM LUGAR SOLITÁRIO

O papel de liderança carrega consigo um paradoxo que poucos percebem antes de alcançá-lo: quanto mais alta a posição, maior a sensação de isolamento. A liderança, que deveria simbolizar influência, prestígio e conexão, frequentemente se transforma em um lugar solitário, onde o peso das decisões, a pressão por resultados e a necessidade de manter uma postura inabalável criam barreiras invisíveis, tanto no ambiente profissional quanto na vida pessoal. Essa solidão, muitas vezes, não é reconhecida ou discutida, mas os seus efeitos são profundos e abrangem desde a saúde mental do líder até o desempenho da organização como um todo.

Uma das principais razões para a solidão do líder é a percepção de que ele precisa ser infalível. Para muitos empresários, admitir dúvidas ou fraquezas é visto como uma ameaça à credibilidade. O líder é visto como aquele que resolve os problemas, que fornece respostas, e não como alguém que compartilha suas preocupações ou incertezas. Essa expectativa social e profissional coloca o empresário em uma posição de constante vigilância emocional, onde expressar vulnerabilidade pode ser interpretado como falta de competência. O resultado é uma desconexão gradual entre o líder e aqueles ao seu redor, alimentando um ciclo de isolamento que dificilmente se rompe sem esforço consciente.

Outro aspecto que contribui para essa solidão é a própria estrutura hierárquica das organizações. Quanto maior o poder do líder, maior a distância percebida entre ele e sua equipe.

Decisões estratégicas e complexas, que afetam diretamente a sustentabilidade do negócio, não podem ser compartilhadas com todos, e isso reforça a sensação de que o líder está sozinho em sua jornada. Essa separação também é ampliada pelo medo de parecer vulnerável, o que leva muitos empresários a evitar conversas abertas com subordinados, mantendo uma barreira emocional que dificulta a criação de laços genuínos dentro da empresa.

A solidão da liderança não afeta apenas a saúde emocional do líder; ela também impacta negativamente o desempenho da organização. Quando o líder não se sente confortável para buscar apoio ou discutir desafios, ele perde a oportunidade de acessar diferentes perspectivas que poderiam enriquecer a tomada de decisão. O isolamento também pode levar a decisões mais conservadoras ou impulsivas, limitando a capacidade de inovação da empresa. Além disso, líderes isolados tendem a se desconectar da equipe, criando um ambiente de trabalho onde a comunicação é unilateral e a colaboração é limitada.

Na vida pessoal, a solidão do líder pode ser ainda mais acentuada. Amigos e familiares, que não vivenciam a realidade empresarial, muitas vezes têm dificuldade em compreender as pressões enfrentadas pelo empresário. Essa desconexão cria um abismo emocional, onde o líder sente que não pode compartilhar seus medos ou frustrações com aqueles que estão mais próximos. Isso não apenas aumenta o isolamento, mas também pode gerar conflitos e tensões nos relacionamentos pessoais, impactando diretamente o equilíbrio entre vida profissional e pessoal.

As consequências desse isolamento são significativas. Psicologicamente, a solidão prolongada está associada a altos níveis de estresse, ansiedade e até depressão. Estudos indicam que líderes que se sentem isolados têm maior probabilidade de desenvolver problemas de saúde mental, o que pode comprometer sua capacidade de liderar com clareza e confiança. Fisicamente, o estresse causado pelo isolamento pode levar a problemas como insônia, dores de cabeça frequentes e doenças cardiovasculares, criando um ciclo em que o bem-estar do líder é continuamente prejudicado.

Apesar desses desafios, a solidão da liderança não precisa ser uma sentença. Existem estratégias eficazes que podem ajudar os empresários a enfrentar e superar esse fenômeno. Um dos primeiros passos é reconhecer que a solidão é uma experiência comum entre líderes e que buscar apoio não é um sinal de fraqueza, mas de inteligência emocional. Construir uma rede de suporte confiável é essencial nesse processo. Participar de grupos de mastermind ou associações empresariais, por exemplo, oferece um espaço seguro para compartilhar experiências, trocar ideias e receber conselhos de outros líderes que enfrentam desafios semelhantes.

Além disso, é crucial criar uma cultura organizacional que valorize a transparência e a comunicação aberta. Líderes que incentivam o feedback o promovem um ambiente de colaboração dentro da empresa conseguem reduzir a distância emocional entre eles e suas equipes. Isso não apenas diminui o isolamento do líder, mas também fortalece os laços dentro da organização, promovendo um clima de confiança e engajamento.

Outro aspecto importante é a prática da delegação. Muitos líderes sentem a necessidade de assumir todas as responsabilidades, acreditando que isso é essencial para o sucesso da empresa. No entanto, delegar tarefas não apenas reduz o estresse do empresário, mas também permite que a equipe desenvolva novas habilidades e assuma um papel mais ativo no sucesso do negócio. Isso cria um ambiente de trabalho mais equilibrado e colaborativo, onde o líder não precisa carregar o peso de todas as decisões sozinho.

Para além do ambiente profissional, é fundamental que o empresário cultive interesses e relacionamentos fora do trabalho. Hobbies, esportes e atividades sociais podem oferecer uma desconexão saudável das pressões diárias, ajudando o líder a recarregar energias e a manter a saúde mental em equilíbrio. Conexões autênticas com amigos e familiares também desempenham um papel crucial, proporcionando um espaço onde o líder pode ser ele mesmo, sem as máscaras impostas pelo papel de liderança.

A vulnerabilidade, muitas vezes vista como um risco, é na verdade uma habilidade poderosa que pode transformar a maneira como o líder se conecta com os outros. Mostrar-se humano e autêntico inspira empatia e confiança, tanto dentro quanto fora da organização. Quando o líder é capaz de compartilhar suas experiências de forma genuína, ele cria um espaço onde a colaboração e a criatividade podem florescer, fortalecendo a cultura organizacional e o desempenho do negócio.

Superar a solidão da liderança exige esforço consciente e a disposição de adotar novas perspectivas. Não se trata apenas de buscar apoio externo, mas também de cultivar um relacionamento saudável consigo mesmo. Práticas como mindfulness, terapia e escrita reflexiva podem ajudar o empresário a processar emoções e a encontrar equilíbrio interno, promovendo uma maior clareza e resiliência diante dos desafios.

Liderar não significa carregar o peso do mundo sozinho. É um ato de conexão, tanto com os outros quanto consigo mesmo. Ao reconhecer a solidão como um desafio natural da liderança e adotar estratégias para enfrentá-la, o empresário não apenas melhora sua saúde mental, mas também se torna um líder mais eficaz, capaz de inspirar e transformar. A solidão pode ser inevitável em certos momentos, mas não precisa definir a experiência de liderar.

CAPÍTULO 2: PRESSÃO POR RESULTADOS – ENCONTRANDO O EQUILÍBRIO ENTRE SUCESSO E SAÚDE MENTAL

Resultados. Essa é a palavra que impulsiona a rotina de qualquer empresário. São os números finais que determinam o crescimento de uma empresa, a viabilidade de projetos e a satisfação de clientes, investidores e colaboradores. No entanto, essa busca incessante por resultados é também uma das maiores fontes de estresse e desgaste emocional para os líderes. Para muitos empresários, a pressão por resultados não é apenas uma expectativa externa, mas também uma cobrança interna, alimentada pela autocrítica, pela ambição e, em alguns casos, pelo medo de fracassar.

A pressão por resultados está profundamente enraizada na cultura empresarial moderna. Somos constantemente bombardeados por histórias de sucesso que exaltam jornadas meteóricas, grandes lucros e inovação disruptiva. No entanto, raramente essas narrativas exploram o custo emocional e psicológico desse sucesso. É comum que empresários se sintam aprisionados por metas cada vez mais altas, prazos apertados e a necessidade de superar constantemente suas próprias conquistas. Isso cria um ciclo exaustivo em que o sucesso de hoje se torna o padrão mínimo de amanhã.

Um dos principais fatores que intensificam a pressão por resultados é a ideia do crescimento contínuo. Em muitos setores, há uma crença de que estagnar é o mesmo que fracassar. Essa mentalidade leva os líderes a buscar constantemente novas formas de expandir, inovar e aumentar a rentabilidade, muitas vezes ignorando os limites da equipe e de si mesmos.

A cultura do "sempre mais" transforma o empresário em uma máquina de produtividade, apagando a linha entre a ambição saudável e o esgotamento completo.

Essa pressão não afeta apenas a saúde mental do empresário; ela também tem implicações físicas. O estresse crônico causado pela pressão por resultados pode desencadear uma série de problemas de saúde, como insônia, enxaquecas, dores musculares e, em casos mais graves, doenças cardiovasculares. No campo emocional, sentimentos de inadequação, ansiedade e até depressão podem surgir quando as metas não são alcançadas ou quando as expectativas – tanto internas quanto externas – parecem impossíveis de cumprir.

Além disso, a pressão por resultados muitas vezes leva à deterioração de relacionamentos pessoais. Empresários frequentemente colocam o trabalho acima de tudo, sacrificando momentos com a família, amigos e consigo mesmos. Essa desconexão não só afeta a qualidade de vida do líder, mas também pode criar um ciclo de isolamento que agrava ainda mais o estresse.

A pressão constante também impacta diretamente a tomada de decisões. Sob condições de alta pressão, o cérebro entra em estado de alerta, priorizando respostas rápidas em detrimento de análises profundas e estratégicas. Isso pode levar a decisões impulsivas, baseadas no medo ou na necessidade imediata de aliviar a pressão. Em contextos de negócios, essa dinâmica pode resultar em escolhas equivocadas, perda de oportunidades e até prejuízos financeiros.

Diante desse cenário, é fundamental que os empresários aprendam a gerenciar a pressão de forma saudável. Uma das primeiras etapas para isso é redefinir o conceito de sucesso. Em vez de se concentrar exclusivamente em métricas financeiras ou marcos externos, é importante incluir indicadores de bem-estar pessoal e organizacional. Sucesso não é apenas atingir metas, mas também manter a integridade física e emocional ao longo do caminho.

Outro passo crucial é aprender a estabelecer limites claros entre vida profissional e pessoal. Muitos empresários acreditam que precisam estar disponíveis 24 horas por dia para atender às demandas do negócio, mas essa mentalidade é insustentável. Estabelecer horários de trabalho definidos, delegar responsabilidades e reservar tempo para descanso e lazer são práticas essenciais para manter o equilíbrio.

A delegação, em particular, é uma habilidade que pode aliviar significativamente a pressão sobre o líder. Muitos empresários sentem dificuldade em delegar tarefas por acreditarem que ninguém mais pode realizar o trabalho com o mesmo nível de qualidade ou comprometimento. No entanto, confiar na equipe e capacitar os colaboradores não apenas reduz a carga de trabalho do líder, mas também fortalece a cultura organizacional e aumenta a produtividade como um todo.

A prática da resiliência emocional é outra ferramenta poderosa para enfrentar a pressão. Resiliência não significa ignorar o estresse ou minimizar os desafios, mas sim desenvolver a capacidade de se recuperar rapidamente diante de dificuldades. Isso pode ser alcançado por meio de práticas como mindfulness, exercícios físicos regulares e a adoção de técnicas de respiração que ajudam a reduzir a tensão e a promover clareza mental.

Além disso, é importante cultivar uma rede de apoio sólida, composta por mentores, colegas empresários e até profissionais de saúde mental. Conversar com pessoas que compreendem os desafios específicos da liderança empresarial pode oferecer novas perspectivas e aliviar a sensação de sobrecarga. Em muitos casos, compartilhar experiências e ouvir como outros superaram situações semelhantes pode ser uma fonte de inspiração e encorajamento.

Uma abordagem prática para gerenciar a pressão por resultados é adotar o método das metas flexíveis. Em vez de definir objetivos rígidos que não consideram mudanças no mercado ou circunstâncias imprevistas, o líder pode estabelecer metas que sejam ajustáveis de acordo com a realidade do momento. Essa flexibilidade permite que o empresário mantenha o foco no progresso sem ser paralisado pela necessidade de atingir resultados específicos a qualquer custo.

Pesquisas indicam que empresas lideradas por empresários que priorizam o equilíbrio entre resultados e bem-estar têm maior probabilidade de alcançar sucesso sustentável. De acordo com um estudo publicado pela Harvard Business Review, líderes que incorporam práticas de autocuidado em suas rotinas relatam maior clareza na tomada de decisões e uma redução significativa nos níveis de estresse. Isso não apenas beneficia o líder, mas também cria um ambiente de trabalho mais positivo e produtivo para toda a equipe.

Superar a pressão por resultados exige uma mudança de mentalidade. Trata-se de abandonar a ideia de que sucesso é sinônimo de sacrifício constante e adotar uma abordagem que valorize tanto os resultados quanto a jornada para alcançá-los.

Ao redefinir prioridades, estabelecer limites e buscar apoio, o empresário pode transformar a pressão em um catalisador para o crescimento, em vez de um peso que o paralisa.

No final das contas, liderar é um ato de equilíbrio. É sobre encontrar a harmonia entre perseguir metas ambiciosas e cuidar de si mesmo. Quando o empresário aprende a gerenciar a pressão de maneira saudável, ele não apenas garante o sucesso de sua organização, mas também constrói uma base sólida para um futuro mais satisfatório e sustentável. A pressão por resultados pode ser inevitável, mas com as estratégias certas, ela deixa de ser um fardo e se torna uma força que impulsiona a realização e o crescimento.

CAPÍTULO 3: MINDFULNESS – A LIDERANÇA CONSCIENTE NO MUNDO EMPRESARIAL

Mindfulness é a habilidade de estar plenamente presente no momento, consciente de tudo o que ocorre interna e externamente, sem julgamentos. No contexto da liderança, essa prática não é apenas uma ferramenta para lidar com o estresse, mas um diferencial estratégico. Ao longo das últimas décadas, tornou-se evidente que líderes que incorporam atenção plena em sua rotina são capazes de tomar decisões mais acertadas, gerir melhor suas emoções e criar conexões mais autênticas com suas equipes.

Liderar uma organização hoje significa enfrentar um ambiente dinâmico, cheio de pressões e incertezas. O mindfulness oferece uma espécie de porto seguro em meio a esse caos, permitindo que o líder encontre clareza e estabilidade em situações que, de outro modo, poderiam parecer insuportáveis. A prática constante ajuda a criar um espaço mental onde é possível observar os desafios com maior objetividade e responder a eles com sabedoria.

A atenção plena também tem um impacto direto na tomada de decisões. O mundo corporativo exige respostas rápidas e estratégicas, mas a pressa frequentemente leva a decisões impulsivas e mal calculadas. Com mindfulness, o líder aprende a pausar, avaliar e agir com base em uma compreensão mais profunda das variáveis envolvidas. Esse momento de pausa pode ser o diferencial entre uma decisão reativa e uma verdadeiramente transformadora.

Além da clareza mental, o mindfulness ajuda os líderes a desenvolverem habilidades emocionais essenciais. No ambiente empresarial, conflitos são inevitáveis, e a forma como um líder os gerencia define o tom da cultura organizacional. Um líder que pratica atenção plena é capaz de reconhecer suas próprias emoções e as dos outros, criando um espaço de diálogo mais construtivo. Essa habilidade de reconhecer sem reagir automaticamente é o que diferencia uma liderança mediana de uma verdadeiramente impactante.

Outro benefício claro do mindfulness é a redução do estresse. A pressão constante por resultados, combinada com a necessidade de atender às demandas de várias partes interessadas, frequentemente coloca os líderes em uma posição de esgotamento emocional. A prática regular da atenção plena reduz os níveis de cortisol, o hormônio do estresse, e ajuda o líder a encontrar equilíbrio mesmo nas situações mais desafiadoras.

A conexão humana também é profundamente fortalecida pela prática de mindfulness. Líderes que estão realmente presentes em suas interações inspiram confiança e respeito. A atenção plena permite que eles escutem de forma mais atenta, compreendendo não apenas as palavras, mas também as intenções e emoções subjacentes. Isso melhora significativamente a qualidade das relações e cria um ambiente de trabalho mais colaborativo e harmonioso.

No nível organizacional, o impacto do mindfulness se estende a toda a cultura corporativa. Empresas lideradas por indivíduos que praticam atenção plena frequentemente apresentam níveis mais altos de engajamento, inovação e resiliência. Isso ocorre porque o exemplo do líder mindful inspira a equipe a adotar práticas semelhantes, criando um efeito cascata positivo.

Além disso, o mindfulness promove a empatia, uma qualidade fundamental em qualquer líder eficaz. Compreender as perspectivas dos outros, seja de colaboradores ou clientes, é essencial para construir soluções que atendam às necessidades de todos os envolvidos. Um líder empático é capaz de construir pontes onde outros veem apenas barreiras.

Outro aspecto importante é que o mindfulness não exige um grande investimento de tempo ou recursos para começar a trazer resultados. Pequenos momentos de atenção plena durante o dia – como uma pausa antes de uma reunião ou alguns minutos de foco na respiração – podem ter um impacto profundo na maneira como o líder se sente e age.

Empresas que incorporam mindfulness em seus treinamentos de liderança relatam benefícios que vão além do bem-estar individual. A prática ajuda a criar um ambiente onde a criatividade prospera, as tensões são reduzidas e a produtividade aumenta. Mais do que uma técnica isolada, o mindfulness se torna uma parte integral da estratégia organizacional.

A prática da atenção plena também incentiva uma visão mais

ampla e sustentável da liderança. Em vez de focar apenas nos resultados de curto prazo, o mindfulness ajuda os líderes a considerar o impacto de suas ações a longo prazo, tanto para a organização quanto para as pessoas envolvidas.

Liderar com mindfulness é, acima de tudo, um ato de presença. Significa estar plenamente consciente do momento, das pessoas e das possibilidades, sem se perder nas distrações ou nas ansiedades do futuro. Essa abordagem transforma não apenas o líder, mas também a organização como um todo, criando um ambiente onde o equilíbrio e o sucesso caminham juntos.

A atenção plena não é apenas uma ferramenta para melhorar a performance individual. Ela é uma base sólida para construir culturas organizacionais mais humanas, resilientes e inovadoras. Líderes que abraçam essa prática não apenas enfrentam melhor os desafios de seu papel, mas também deixam um legado de transformação positiva.

Em última análise, mindfulness é sobre aprender a estar onde se está. Em um mundo cheio de distrações e demandas, essa é talvez a habilidade mais importante que um líder pode cultivar. Quando a atenção plena é incorporada à liderança, ela se torna um farol, guiando decisões, fortalecendo relações e criando um impacto duradouro. É um caminho que combina autoconhecimento, propósito e resultados – e que redefine o que significa liderar no século XXI.

CAPÍTULO 4: INTELIGÊNCIA EMOCIONAL NO AMBIENTE EMPRESARIAL

Liderar exige mais do que habilidades técnicas ou estratégicas. No mundo empresarial, onde decisões complexas são tomadas sob pressão e em ambientes em constante mudança, a inteligência emocional se torna uma ferramenta indispensável. Mais do que um diferencial, ela é a base para uma liderança eficaz, pois influencia diretamente a maneira como os líderes interagem com suas equipes, resolvem conflitos e enfrentam desafios.

A inteligência emocional pode ser definida como a capacidade de reconhecer, compreender e gerenciar as próprias emoções, além de identificar e influenciar as emoções dos outros. Daniel Goleman, um dos maiores estudiosos do tema, identificou cinco pilares principais da inteligência emocional: autoconsciência, autorregulação, motivação, empatia e habilidades sociais. Para empresários, essas competências não são apenas desejáveis – elas são fundamentais para construir um ambiente empresarial saudável e produtivo.

O primeiro pilar, a autoconsciência, é a base da inteligência emocional. Empresários autoconscientes conseguem identificar suas emoções e compreender como elas influenciam suas decisões e comportamentos. Essa habilidade permite que o líder reconheça seus próprios gatilhos emocionais, evitando reações impulsivas que poderiam prejudicar a comunicação ou a gestão da equipe. Por exemplo, um líder que identifica que está agindo sob o impacto do estresse é mais capaz de adotar estratégias para neutralizar suas emoções antes de tomar uma decisão importante.

A autorregulação, por sua vez, está diretamente ligada à capacidade de controlar impulsos e emoções negativas. No ambiente empresarial, onde os conflitos e as mudanças são inevitáveis, essa competência permite que o líder mantenha a calma mesmo em situações adversas. Líderes que dominam a autorregulação inspiram confiança, pois demonstram equilíbrio e consistência emocional, qualidades que são altamente valorizadas por equipes e parceiros de negócios.

A motivação é outro componente crucial da inteligência emocional. Empresários emocionalmente inteligentes não se deixam abater por contratempos e conseguem manter o foco em seus objetivos de longo prazo. Essa habilidade é especialmente importante em momentos de crise, quando a capacidade de perseverar e inspirar os outros pode determinar o futuro de uma empresa. Além disso, líderes motivados tendem a criar culturas organizacionais mais resilientes, onde a equipe se sente encorajada a enfrentar desafios com otimismo.

A empatia é talvez a competência mais transformadora da inteligência emocional. Um líder empático consegue se colocar no lugar dos outros, compreendendo suas emoções e perspectivas. No ambiente empresarial, essa habilidade é essencial para construir relações sólidas, resolver conflitos e promover um clima de colaboração. A empatia também ajuda os líderes a reconhecer as necessidades não expressas de seus clientes e colaboradores, permitindo que tomem decisões mais alinhadas aos interesses de todos os envolvidos.

Por fim, as habilidades sociais englobam a capacidade de se comunicar de maneira eficaz, resolver conflitos e construir redes de relacionamento.

Essas competências são fundamentais para criar um ambiente de trabalho harmonioso e engajado. Um líder com boas habilidades sociais sabe ouvir ativamente, oferecer feedback construtivo e influenciar positivamente sua equipe.

No ambiente empresarial, a inteligência emocional não é apenas um atributo individual, mas uma habilidade que influencia toda a organização. Líderes emocionalmente inteligentes tendem a criar culturas empresariais mais abertas, onde a comunicação flui com maior naturalidade e a inovação é encorajada. Além disso, equipes lideradas por empresários que demonstram alta inteligência emocional apresentam maior engajamento, menor rotatividade e melhores resultados.

A inteligência emocional também é uma ferramenta poderosa para a resolução de conflitos. Em situações de desentendimento, um líder emocionalmente inteligente consegue manter a calma, ouvir todas as partes envolvidas e buscar soluções que atendam aos interesses de todos. Essa abordagem não apenas resolve o problema imediato, mas também fortalece os relacionamentos e promove um ambiente de trabalho mais colaborativo.

Estudos indicam que a inteligência emocional é um dos principais fatores que diferenciam líderes excepcionais de líderes medianos. Um relatório da TalentSmart revelou que 90% dos líderes mais bem-sucedidos possuem altos níveis de inteligência emocional, enquanto essa habilidade está presente em apenas 20% dos líderes com desempenho abaixo da média. Esses dados reforçam a importância de investir no desenvolvimento dessa competência.

Para empresários que desejam aprimorar sua inteligência emocional, o primeiro passo é praticar a autoconsciência. Reservar momentos para refletir sobre suas emoções e comportamentos pode trazer insights valiosos sobre padrões que precisam ser ajustados. Ferramentas como diários emocionais ou sessões de feedback com mentores e colegas também podem ajudar a identificar áreas de melhoria.

O desenvolvimento da empatia pode ser promovido por meio da prática da escuta ativa. Dedicar atenção total ao interlocutor, sem interrupções ou julgamentos, é um exercício poderoso para compreender as necessidades e emoções dos outros. Além disso, colocar-se no lugar do outro em situações desafiadoras pode ampliar a perspectiva do líder e fortalecer sua capacidade de tomar decisões inclusivas e estratégicas.

A autorregulação pode ser trabalhada com o uso de técnicas de respiração e mindfulness, que ajudam a reduzir o impacto das emoções negativas e a promover um estado de equilíbrio. Essas práticas não apenas melhoram o bem-estar do líder, mas também aumentam sua capacidade de tomar decisões racionais e ponderadas.

No que diz respeito à motivação, definir metas claras e conectá-las ao propósito pessoal pode ser uma fonte poderosa de energia e foco. Empresários que encontram significado em suas atividades diárias tendem a demonstrar maior resiliência e entusiasmo, mesmo diante de desafios significativos.

As habilidades sociais podem ser aprimoradas por meio de treinamentos específicos, como cursos de comunicação assertiva e negociação. Essas competências são essenciais para construir relações produtivas e influenciar positivamente os outros, tanto dentro quanto fora da organização.

A inteligência emocional é, acima de tudo, uma habilidade prática que pode ser desenvolvida ao longo do tempo. Ao investir no aprimoramento dessas competências, o empresário não apenas se torna um líder mais eficaz, mas também promove um ambiente empresarial mais saudável, inovador e resiliente.

CAPÍTULO 5: RESILIÊNCIA – SUPERANDO O MEDO DO FRACASSO

No universo empresarial, o fracasso é um espectro constante, pairando sobre decisões estratégicas, lançamentos de produtos e investimentos de alto risco. Apesar de ser um elemento inevitável da jornada empreendedora, o medo de fracassar paralisa muitos empresários, levando-os a evitar riscos, postergar decisões ou abraçar a autossabotagem. A resiliência – a capacidade de se recuperar rapidamente diante das adversidades – é, portanto, uma das habilidades mais valiosas que um líder pode desenvolver.

O medo de fracassar não surge do nada. Ele está profundamente enraizado em narrativas culturais que glorificam o sucesso e estigmatizam o erro. Desde cedo, somos condicionados a evitar falhas a todo custo, pois elas são associadas à incompetência ou à falta de preparo. No mundo corporativo, essa mentalidade se amplifica. Líderes frequentemente sentem que um único erro pode comprometer sua reputação, sua posição ou, em casos mais extremos, o futuro de suas empresas.

Essa aversão ao fracasso pode gerar uma série de comportamentos prejudiciais. Empresários com medo de errar tendem a adotar estratégias excessivamente conservadoras, evitando inovações que poderiam alavancar o crescimento do negócio. Outros, por outro lado, procrastinam decisões importantes, acreditando que a inação pode protegê-los de cometer erros. Paradoxalmente, essa hesitação muitas vezes resulta em problemas ainda maiores, que poderiam ter sido evitados com ações mais ágeis e ousadas.

A resiliência é a chave para enfrentar esse medo. Ser resiliente não significa ignorar o impacto emocional das dificuldades, mas sim desenvolver a capacidade de aprender com elas e seguir em frente. Empresários resilientes entendem que o fracasso é uma oportunidade de crescimento, uma lição que oferece insights valiosos sobre como melhorar e evoluir.

Um exemplo clássico de resiliência no mundo dos negócios é a história de Thomas Edison, que enfrentou milhares de tentativas fracassadas antes de inventar a lâmpada elétrica. Quando questionado sobre seus "erros", Edison respondeu que não havia falhado, mas sim descoberto milhares de maneiras que não funcionavam. Essa mentalidade não apenas o levou ao sucesso, mas também exemplifica como a resiliência pode transformar contratempos em combustível para a inovação.

No entanto, ser resiliente não é uma característica inata; é uma habilidade que pode ser desenvolvida. Uma das primeiras etapas para construir resiliência é mudar a forma como você enxerga o fracasso. Em vez de vê-lo como um reflexo de sua competência, encare-o como um evento isolado, uma consequência natural de arriscar e tentar algo novo. Essa mudança de perspectiva reduz o peso emocional do fracasso e permite que você aprenda com ele de maneira mais objetiva.

Outro componente essencial da resiliência é a capacidade de se adaptar. No cenário empresarial, onde mudanças rápidas são a norma, a adaptabilidade é um diferencial crucial. Empresas lideradas por empresários resilientes tendem a prosperar mesmo em tempos de crise, pois seus líderes conseguem ajustar estratégias rapidamente, abandonando abordagens que não funcionam e experimentando novas direções.

A construção de uma rede de suporte também é fundamental. Ter pessoas confiáveis com quem você pode compartilhar seus desafios – sejam mentores, amigos ou colegas empresários – proporciona uma perspectiva externa que muitas vezes é indispensável. Essas conexões não apenas ajudam a aliviar o peso emocional das dificuldades, mas também oferecem ideias e insights valiosos para superar obstáculos.

Além disso, práticas como mindfulness e meditação têm se mostrado eficazes para desenvolver resiliência. Essas técnicas ajudam a reduzir o impacto emocional do estresse, promovendo um estado de equilíbrio que permite ao líder lidar com contratempos de forma mais racional e menos reativa. A meditação, em particular, treina o cérebro para permanecer focado no momento presente, em vez de se prender a arrependimentos passados ou preocupações futuras.

Outro aspecto importante é cultivar uma mentalidade de crescimento. Líderes resilientes acreditam que suas habilidades e competências podem ser aprimoradas com esforço e dedicação, em vez de serem características fixas. Essa crença os encoraja a buscar aprendizado constante, transformando falhas em oportunidades de desenvolvimento.

Na prática, desenvolver resiliência exige tempo e esforço consciente. Exercícios simples, como escrever sobre os aprendizados de uma situação difícil, podem ajudar a processar emoções e a identificar padrões que precisam ser ajustados. Da mesma forma, reservar momentos para celebrar pequenos progressos, mesmo em meio a grandes desafios, fortalece a confiança e o senso de propósito do líder.

Empresas que incentivam a resiliência não apenas sobrevivem, mas prosperam. Um estudo conduzido pelo Instituto de Pesquisa Gallup revelou que equipes lideradas por empresários resilientes apresentam 31% mais engajamento e 21% maior produtividade. Esses números destacam como a resiliência do líder se reflete em toda a organização, criando uma cultura de superação e inovação.

Por fim, é importante lembrar que a resiliência não elimina os desafios; ela apenas muda a maneira como você os enfrenta. Ser resiliente significa aceitar que contratempos fazem parte do caminho, mas que cada dificuldade superada o torna mais forte, mais sábio e mais preparado para o futuro.

O medo de fracassar nunca desaparecerá completamente, mas ele pode ser transformado em um motivador positivo, uma força que impulsiona o empresário a buscar soluções criativas e a se reinventar continuamente.

O fracasso, na realidade, é uma etapa inevitável na jornada de qualquer líder. Aqueles que aprendem a abraçar suas falhas e a extrair lições delas descobrem que, em vez de serem um obstáculo, os erros são a fundação sobre a qual se constrói o verdadeiro sucesso.

CAPÍTULO 6: EQUILÍBRIO PESSOAL E PROFISSIONAL – O DESAFIO DE TRAÇAR LIMITES

No mundo empresarial, onde resultados e eficiência ocupam o centro das atenções, o equilíbrio entre vida pessoal e profissional frequentemente se torna uma meta secundária ou mesmo esquecida. Muitos empresários encontram-se em uma jornada interminável de trabalho, acreditando que o sacrifício de seu tempo pessoal é um preço necessário para o sucesso. No entanto, essa falta de limites entre as esferas da vida não apenas compromete a saúde física e mental do líder, mas também afeta negativamente o desempenho de sua empresa.

O conceito de equilíbrio pessoal e profissional não é sobre dividir igualmente o tempo entre as duas áreas, mas sim sobre criar uma harmonia onde ambos possam coexistir de maneira saudável. Para os empresários, essa harmonia é particularmente desafiadora, pois as demandas do trabalho são frequentemente imprevisíveis e exigentes. As pressões financeiras, as responsabilidades de liderança e a necessidade de manter o crescimento contínuo fazem com que muitos líderes sintam que sua vida pessoal precisa ser colocada em segundo plano.

Essa mentalidade, embora comum, tem consequências graves. O excesso de trabalho é uma das principais causas de burnout, uma condição caracterizada por exaustão física e emocional, cinismo em relação ao trabalho e uma sensação de ineficácia. Estudos indicam que empresários são especialmente vulneráveis ao burnout devido à natureza multifacetada de suas funções e à falta de apoio emocional adequado.

Além disso, a ausência de equilíbrio pode prejudicar os relacionamentos pessoais. Quando o trabalho consume grande parte do tempo e da energia do empresário, conexões com familiares e amigos tendem a enfraquecer. Isso pode criar um ciclo de isolamento que agrava o estresse e a solidão, tornando ainda mais difícil encontrar um ponto de equilíbrio.

Traçar limites claros entre vida pessoal e profissional é um dos primeiros passos para alcançar esse equilíbrio. Isso envolve tanto práticas concretas, como definir horários específicos para o trabalho, quanto mudanças de mentalidade, como aprender a valorizar o tempo dedicado ao lazer e à família. Muitos empresários têm dificuldade em desconectar-se do trabalho, mesmo em momentos que deveriam ser reservados para descanso. A tecnologia, com e-mails e mensagens de trabalho acessíveis a qualquer hora, intensifica esse desafio, tornando essencial estabelecer regras claras sobre quando e como responder a essas demandas.

Uma das estratégias mais eficazes para equilibrar as duas áreas da vida é adotar uma abordagem baseada em prioridades. Isso significa identificar o que é realmente importante em cada esfera e dedicar tempo e energia proporcional a esses elementos. Por exemplo, se a saúde é uma prioridade pessoal, reservar tempo para exercícios regulares e alimentação saudável deve ser tão inegociável quanto uma reunião de negócios. Da mesma forma, se passar tempo com a família é essencial, isso deve ser tratado como um compromisso tão sério quanto qualquer tarefa profissional.

Outra prática valiosa é o cultivo de rotinas que promovam o bem-estar. Atividades como meditação, leitura ou até mesmo caminhadas diárias ajudam o empresário a recarregar as energias e a manter a clareza mental. Essas rotinas não precisam ser longas ou complicadas; o importante é que sejam consistentes e alinhadas com as necessidades pessoais do líder.

Delegar também é uma habilidade essencial para alcançar o equilíbrio. Muitos empresários têm dificuldade em confiar em suas equipes, acreditando que precisam estar envolvidos em todos os aspectos do negócio para garantir que tudo funcione corretamente. No entanto, essa abordagem é insustentável. Delegar tarefas não apenas reduz a carga de trabalho do líder, mas também permite que a equipe assuma responsabilidades maiores, contribuindo para o crescimento e a autonomia da organização.

Além disso, o equilíbrio entre vida pessoal e profissional não é apenas uma questão individual; ele também está diretamente relacionado à cultura organizacional. Empresas que valorizam o bem-estar de seus líderes e colaboradores tendem a ter níveis mais altos de engajamento, produtividade e retenção de talentos. Líderes que demonstram, por exemplo, a importância do equilíbrio em suas próprias rotinas servem como modelo para suas equipes, criando um ambiente onde todos se sentem encorajados a buscar essa harmonia.

Outro ponto crucial para alcançar o equilíbrio é aprender a dizer não. Muitos empresários têm dificuldade em recusar demandas adicionais, seja por medo de perder oportunidades ou por querer agradar todas as partes envolvidas. No entanto, a incapacidade de estabelecer limites claros pode levar à sobrecarga e ao esgotamento.

Dizer não, quando necessário, é um ato de proteção tanto para o bem-estar do líder quanto para o sucesso a longo prazo da empresa.

A resiliência emocional desempenha um papel importante na busca pelo equilíbrio. Aprender a lidar com os altos e baixos do empreendedorismo sem permitir que eles dominem todos os aspectos da vida é uma habilidade essencial. Isso pode ser cultivado por meio de práticas como mindfulness, terapia ou coaching, que ajudam o empresário a desenvolver uma perspectiva mais equilibrada sobre suas responsabilidades e desafios.

É importante reconhecer que o equilíbrio não é estático; ele muda de acordo com as circunstâncias e prioridades. Em certos momentos, o trabalho pode exigir mais atenção, enquanto em outros, questões pessoais podem tomar a dianteira. O segredo está em ajustar constantemente o foco, garantindo que nenhuma área seja negligenciada por muito tempo.

Empresários que conseguem alcançar equilíbrio entre vida pessoal e profissional frequentemente relatam maior clareza mental, níveis mais altos de energia e uma sensação renovada de propósito. Eles também se tornam líderes mais eficazes, pois conseguem tomar decisões de maneira mais estratégica e com menos interferência emocional.

Por fim, o equilíbrio não é um destino, mas uma jornada contínua de autoconhecimento e adaptação. Ao priorizar tanto o sucesso no trabalho quanto o bem-estar pessoal, os empresários não apenas constroem negócios mais sustentáveis, mas também vidas mais plenas e significativas.

Esse equilíbrio é, acima de tudo, uma escolha – uma decisão consciente de valorizar tanto o presente quanto o futuro, tanto os resultados quanto a jornada para alcançá-los.

CAPÍTULO 7: PLANEJAMENTO MENTAL ESTRATÉGICO – COMO A MENTE DEFINE O SUCESSO

Planejar é uma das competências fundamentais de qualquer empresário, mas poucas pessoas entendem a importância do planejamento mental estratégico. Enquanto planos de negócios e estratégias financeiras frequentemente dominam o foco dos líderes, o estado mental e a mentalidade do empresário desempenham um papel igualmente crucial no sucesso de uma empresa. A forma como a mente do líder está estruturada influencia diretamente suas decisões, sua resiliência e sua capacidade de alcançar resultados sustentáveis.

A mente de um empresário funciona como um sistema de comando central. Ela processa informações complexas, avalia riscos, projeta cenários futuros e, ao mesmo tempo, lida com as pressões do presente. No entanto, esse sistema nem sempre opera de maneira ideal. Sem um planejamento mental estratégico, a mente pode ser consumida pelo estresse, pelas dúvidas e pela sobrecarga de informações, prejudicando a clareza necessária para liderar com eficácia.

O planejamento mental estratégico começa com o autoconhecimento. O empresário precisa entender como suas crenças, emoções e padrões de pensamento influenciam suas ações. Muitas vezes, decisões aparentemente racionais são moldadas por crenças limitantes ou pelo medo de errar. Por exemplo, um líder que acredita que "é impossível delegar sem perder qualidade" pode acabar sobrecarregado, prejudicando tanto a si mesmo quanto a produtividade de sua equipe. Identificar esses padrões é o primeiro passo para criar um planejamento mental mais alinhado com os objetivos do negócio e do bem-estar pessoal.

Outro elemento essencial do planejamento mental estratégico é a definição clara de metas e intenções. Estudos mostram que a visualização de objetivos específicos aumenta significativamente as chances de alcançá-los. Quando o empresário visualiza seus objetivos de forma detalhada – imaginando não apenas o resultado final, mas também o processo para alcançá-lo – ele treina sua mente para buscar soluções e identificar oportunidades. Essa técnica, amplamente utilizada por atletas e executivos de alto desempenho, ajuda a criar um senso de foco e motivação.

A Programação Neurolinguística (PNL) é uma ferramenta poderosa que pode ser integrada ao planejamento mental estratégico. Por meio de técnicas como reestruturação de crenças e ancoragem de estados emocionais positivos, a PNL permite que o empresário modifique padrões mentais que limitam seu potencial. Por exemplo, um líder que enfrenta insegurança em apresentações pode usar técnicas de PNL para associar apresentações a sentimentos de confiança e entusiasmo, transformando sua experiência emocional em relação a essa atividade.

O planejamento mental estratégico também envolve a gestão do tempo e da energia mental. Empresários frequentemente enfrentam jornadas longas e desgastantes, o que pode levar à fadiga mental e à queda de desempenho. Criar uma rotina que inclua momentos de descanso e recuperação é essencial para manter a clareza e a criatividade. Técnicas como a divisão do trabalho em blocos de tempo (time blocking) e a priorização de tarefas com base em importância e urgência ajudam a otimizar o uso do tempo e a reduzir a sensação de sobrecarga.

A prática do mindfulness é outra ferramenta valiosa nesse processo. Ao treinar a mente para focar no momento presente, o mindfulness ajuda o empresário a reduzir a ansiedade e a tomar decisões mais conscientes. Estudos realizados pela Universidade de Harvard indicam que a prática regular de mindfulness pode aumentar a capacidade de concentração, melhorar a regulação emocional e até fortalecer áreas do cérebro relacionadas à resolução de problemas e à criatividade.

Além disso, o planejamento mental estratégico deve incluir a gestão de expectativas. Muitos empresários enfrentam frustração porque criam expectativas irrealistas sobre o desempenho de sua equipe, de seus projetos ou até de si mesmos. Estabelecer expectativas realistas, baseadas em dados e não apenas em desejos, é uma maneira eficaz de evitar decepções e manter uma abordagem mais equilibrada diante dos desafios.

Outro aspecto importante do planejamento mental é o uso da resiliência como um diferencial estratégico. Empresários resilientes não apenas superam adversidades, mas também aprendem com elas, adaptando-se rapidamente às mudanças e utilizando dificuldades como alavancas para o crescimento. Desenvolver a resiliência exige prática consciente, como a reflexão sobre aprendizados de experiências difíceis e o cultivo de uma mentalidade de crescimento, onde os erros são vistos como oportunidades de evolução.

No ambiente empresarial, o planejamento mental estratégico também se estende à criação de uma cultura organizacional que valorize a saúde mental e o bem-estar. Líderes que integram práticas de planejamento mental em suas rotinas frequentemente inspiram suas equipes a fazer o mesmo, criando um ciclo positivo de produtividade e equilíbrio dentro da empresa. Isso não apenas melhora o clima organizacional, mas também contribui para melhores resultados financeiros e maior retenção de talentos.

Ao final, o planejamento mental estratégico é um processo contínuo que exige reflexão, prática e adaptação. Ele não é uma solução única, mas sim uma abordagem holística que combina autoconhecimento, ferramentas práticas e uma mentalidade orientada para o crescimento. Quando bem aplicado, o planejamento mental estratégico não apenas fortalece o empresário, mas também impulsiona o sucesso da organização de maneira sustentável.

CAPÍTULO 8: GESTÃO DE MUDANÇAS E AJUSTE PSICOLÓGICO – LIDERANDO EM TEMPOS DE TRANSFORMAÇÃO

Mudança é uma constante no mundo empresarial. Novas tecnologias surgem, tendências de mercado evoluem, comportamentos dos consumidores mudam e, em muitos casos, fatores externos, como crises econômicas ou pandemias, alteram completamente o panorama de negócios. Para o empresário, cada uma dessas transformações apresenta não apenas desafios técnicos e estratégicos, mas também demandas emocionais e psicológicas significativas.

A gestão de mudanças requer mais do que ferramentas ou métodos de planejamento. Ela exige flexibilidade mental e emocional – a capacidade de lidar com incertezas e de ajustar comportamentos e atitudes em resposta às circunstâncias. Além disso, o empresário precisa liderar sua equipe por essas transições, enfrentando resistências emocionais, ansiedades e, muitas vezes, uma sensação de perda ou insegurança entre os colaboradores.

A psicologia da mudança nos ensina que as pessoas tendem a resistir à transformação por uma questão de autopreservação. O cérebro humano é projetado para buscar padrões e previsibilidade, pois isso reduz a carga cognitiva e aumenta a sensação de controle. Quando algo altera o status quo, a resposta inicial geralmente é a resistência, muitas vezes expressa como medo ou desconfiança. No ambiente empresarial, essa resistência pode assumir várias formas: falta de engajamento, conflitos internos ou até mesmo sabotagem passiva.

O papel do líder é essencial nesse contexto. Um empresário que entende as dinâmicas psicológicas da mudança está mais bem equipado para gerenciar as transições com sucesso. Isso começa com a própria adaptação emocional do líder. Empresários que demonstram flexibilidade mental e uma atitude positiva diante da mudança inspiram confiança em suas equipes e estabelecem o tom para a transição.

Flexibilidade mental não é uma característica inata; ela pode ser desenvolvida. Um primeiro passo é adotar uma mentalidade de crescimento, reconhecendo que mudanças, mesmo as mais desafiadoras, trazem oportunidades de aprendizado e evolução. Essa perspectiva reduz o medo do desconhecido e permite que o líder enxergue a mudança como um processo dinâmico e criativo, e não como uma ameaça.

Outro componente crucial da gestão de mudanças é a comunicação. Quando os colaboradores entendem o "porquê" por trás da mudança – os motivos, os benefícios e o impacto esperado – eles estão mais propensos a aceitar e se engajar no processo. O empresário deve se esforçar para comunicar a visão com clareza e consistência, utilizando uma linguagem que ressoe com as preocupações e aspirações da equipe.

Além disso, ouvir é tão importante quanto falar durante períodos de transformação. Os líderes devem criar espaços para que os colaboradores expressem suas dúvidas, medos e sugestões. Essa abordagem não apenas reduz a resistência emocional, mas também fortalece o senso de pertencimento e colaboração.

Um erro comum dos líderes durante a mudança é subestimar o impacto emocional do processo. A transformação muitas vezes implica a perda de rotinas familiares, papéis consolidados ou até mesmo a sensação de segurança. Reconhecer essas perdas e validar as emoções associadas é uma estratégia poderosa para construir confiança. Quando os colaboradores se sentem ouvidos e valorizados, eles estão mais dispostos a abraçar o novo.

Entre as técnicas práticas que podem ser usadas para liderar equipes durante a mudança, destaca-se o conceito de "pequenas vitórias". Ao dividir a transformação em etapas menores e celebrar os progressos alcançados, o líder cria um senso de realização que motiva a equipe a continuar. Essas pequenas vitórias também ajudam a construir confiança no processo, mostrando que a mudança é possível e que os resultados são alcançáveis.

A liderança durante a mudança também exige resiliência emocional. O empresário deve estar preparado para lidar com contratempos, críticas e momentos de incerteza sem perder a clareza ou a motivação. Práticas como mindfulness, meditação e exercícios físicos regulares ajudam o líder a manter o equilíbrio emocional e a evitar o desgaste.

Além de gerenciar suas próprias emoções, o líder deve promover resiliência dentro da equipe. Isso pode ser feito incentivando uma cultura de aprendizado contínuo, onde erros e contratempos são vistos como oportunidades de crescimento, e não como falhas irreparáveis. Essa abordagem cria um ambiente onde a inovação e a adaptação são incentivadas, facilitando o processo de mudança.

Outro aspecto fundamental é a empatia. Durante períodos de transformação, é comum que os colaboradores experimentem uma ampla gama de emoções, desde entusiasmo até ansiedade. O líder empático é capaz de reconhecer e responder a essas emoções de maneira que reforça a confiança e o engajamento. Isso pode ser tão simples quanto uma conversa individual para entender as preocupações de um membro da equipe ou tão complexo quanto a implementação de programas de apoio psicológico dentro da organização.

A psicologia da mudança também nos ensina que a mentalidade do líder é contagiante. Se o empresário aborda a transformação com otimismo e determinação, é mais provável que sua equipe siga esse exemplo. Por outro lado, um líder que demonstra hesitação ou negatividade pode amplificar o medo e a resistência dentro da organização.

Por fim, é importante lembrar que a gestão de mudanças não é um evento único, mas um processo contínuo. Mesmo após a implementação inicial, o empresário deve monitorar os resultados, ajustar estratégias conforme necessário e continuar a engajar a equipe. A adaptação bem-sucedida é uma jornada, e não um destino fixo.

Liderar durante períodos de mudança é um dos maiores testes para qualquer empresário. No entanto, aqueles que desenvolvem flexibilidade mental, praticam a empatia e adotam uma comunicação clara e aberta podem transformar desafios em oportunidades, criando organizações mais resilientes e inovadoras. No mundo dos negócios, onde a mudança é a única constante, a capacidade de se adaptar é o que separa o sucesso do fracasso.

CAPÍTULO 9: PSICOLOGIA DA CRIATIVIDADE E INOVAÇÃO – DESBLOQUEANDO O POTENCIAL EMPRESARIAL

A criatividade é frequentemente vista como um talento nato, uma habilidade reservada para artistas ou gênios. Contudo, no mundo empresarial, ela é uma competência indispensável para resolver problemas, identificar oportunidades e impulsionar a inovação. Em um mercado cada vez mais dinâmico e competitivo, a capacidade de pensar fora da caixa pode ser a diferença entre o crescimento e a estagnação.

Empresários enfrentam um paradoxo quando se trata de criatividade. Por um lado, eles precisam de soluções originais para lidar com desafios complexos e demandas em constante evolução. Por outro, a pressão por resultados, prazos apertados e responsabilidades múltiplas frequentemente sufocam o pensamento criativo. A boa notícia é que a criatividade não é um dom inato; ela pode ser cultivada, desenvolvida e até sistematicamente incentivada.

A psicologia da criatividade nos ensina que a inovação surge da combinação de habilidades cognitivas, emocionais e comportamentais. Para o empresário, isso significa que desbloquear seu potencial criativo envolve tanto o desenvolvimento de hábitos específicos quanto a superação de bloqueios emocionais e mentais que inibem o pensamento inovador.

Um dos principais inimigos da criatividade é o estresse. Quando o cérebro está sob pressão, ele tende a recorrer a padrões de pensamento já estabelecidos, priorizando respostas rápidas e seguras. Isso é útil em situações de emergência, mas contraproducente quando se busca inovação. Técnicas de gerenciamento de estresse, como respiração profunda, mindfulness e pausas estratégicas durante o trabalho, ajudam a reduzir esse impacto, criando um estado mental mais receptivo à criatividade.

Além disso, a criatividade floresce em ambientes que promovem a liberdade de explorar ideias sem medo de julgamento. No contexto empresarial, isso significa criar uma cultura organizacional onde erros sejam vistos como parte do processo de aprendizado e não como fracassos. Empresários que lideram com empatia e encorajam a experimentação estabelecem as bases para que sua equipe – e eles mesmos – possam pensar de maneira mais ousada e inovadora.

Outro aspecto crucial é a curiosidade. A criatividade é alimentada pelo desejo de explorar, questionar e aprender.

Empresários que cultivam a curiosidade mantêm a mente aberta a novas ideias e perspectivas, o que é essencial para identificar conexões inesperadas entre conceitos aparentemente não relacionados. A prática da curiosidade pode ser tão simples quanto ler sobre temas fora do campo de atuação habitual, participar de eventos interdisciplinares ou até mesmo explorar hobbies que estimulem a imaginação.

Uma técnica psicológica eficaz para estimular a criatividade é o brainstorming dirigido. Diferente do brainstorming tradicional, onde ideias são geradas de maneira livre e muitas vezes desorganizada, o brainstorming dirigido foca em perguntas específicas que guiam o processo criativo. Por exemplo, em vez de perguntar "Como aumentar as vendas?", o empresário poderia perguntar "Como tornar o processo de compra mais divertido para o cliente?". Essa mudança de abordagem abre caminhos alternativos e menos óbvios para encontrar soluções.

A visualização criativa é outra ferramenta poderosa. Esse método, amplamente usado por atletas de alto desempenho e líderes de destaque, envolve imaginar cenários ideais e explorar possibilidades sem limitações práticas. Quando aplicada ao contexto empresarial, a visualização criativa ajuda o líder a enxergar além das restrições atuais, permitindo que soluções inovadoras emerjam de maneira mais natural.

No entanto, o bloqueio criativo é uma realidade comum, especialmente em momentos de pressão ou escassez de ideias. Para superá-lo, é importante entender que a criatividade não é um fluxo contínuo, mas um processo que alterna entre fases de inspiração e reflexão. Dar-se permissão para desconectar – seja por meio de uma caminhada, uma pausa para leitura ou até mesmo uma soneca –

muitas vezes resulta em insights inesperados.

Outra técnica eficaz é o uso de mapas mentais. Esse método consiste em criar representações visuais de ideias, conectando conceitos de maneira orgânica e não linear. Mapas mentais estimulam o lado direito do cérebro, associado à criatividade, e ajudam o líder a identificar padrões ou associações que podem levar a soluções inovadoras.

A interação social também desempenha um papel fundamental na criatividade. Muitas das maiores inovações surgiram da colaboração entre indivíduos com diferentes experiências e habilidades. Para o empresário, isso significa buscar ativamente conversas e parcerias fora de sua zona de conforto, expondo-se a novas perspectivas e modos de pensar.

A neurociência da criatividade também destaca o papel do estado de flow, um estado mental em que a pessoa está completamente imersa em uma atividade, com foco intenso e prazer intrínseco. Empresários podem alcançar o estado de flow ao alinhar suas atividades com seus talentos e paixões, reduzindo distrações e estabelecendo objetivos claros e desafiadores.

Além disso, é essencial que o empresário crie um ambiente físico que estimule a criatividade. Espaços de trabalho que promovem conforto, iluminação natural e elementos inspiradores, como arte ou plantas, têm um impacto direto na capacidade de gerar novas ideias. Um estudo conduzido pela Universidade de Exeter revelou que ambientes de trabalho enriquecidos com elementos visuais aumentam a criatividade e a produtividade em até 45%.

Por fim, é importante lembrar que a criatividade e a inovação são processos que requerem consistência. Cultivar hábitos que estimulem o pensamento criativo – como registrar ideias em um diário, experimentar abordagens diferentes para resolver problemas cotidianos ou até praticar exercícios de pensamento lateral – ajuda o empresário a se manter mentalmente ágil e preparado para os desafios do mercado.

A psicologia da criatividade nos ensina que inovar não é apenas uma habilidade técnica, mas um estado de espírito. Empresários que adotam uma mentalidade criativa transformam desafios em oportunidades e enxergam o futuro como um campo aberto para experimentação e crescimento. No mundo dos negócios, onde a mudança é inevitável e a competição é acirrada, a criatividade é o ativo mais valioso que um líder pode possuir – e, felizmente, é uma habilidade que pode ser constantemente aprimorada.

CAPÍTULO 10: LIDERANÇA INTEGRADA – UNINDO PESSOAS E PROPÓSITOS

Liderar é um exercício constante de integração. Empresas bem-sucedidas não apenas alcançam resultados financeiros; elas constroem conexões genuínas entre as pessoas que fazem parte de sua estrutura interna e os clientes externos que interagem com seus produtos e serviços. Essa integração é o elo entre os conceitos discutidos ao longo deste livro como inteligência emocional, resiliência, criatividade, e gestão de mudanças – e sua aplicação prática no dia a dia da liderança.

Os temas explorados até aqui se complementam, formando um alicerce sólido para a construção de uma liderança que valoriza tanto o cliente interno quanto o externo. A solidão da liderança, por exemplo, nos mostrou a importância de criar conexões autênticas e de buscar apoio para enfrentar os desafios do papel de líder. Essa lição se reflete diretamente na forma como o empresário se relaciona com sua equipe e com seus clientes, entendendo que ambos precisam de atenção, empatia e valorização.

A pressão por resultados, por sua vez, destacou a necessidade de equilibrar metas ambiciosas com o bem-estar emocional. Esse equilíbrio é essencial tanto no endomarketing quanto no marketing. Uma equipe que opera sob constante pressão sem reconhecimento dificilmente oferecerá uma experiência positiva para os clientes. Da mesma forma, campanhas que priorizam apenas resultados financeiros sem considerar o impacto emocional nos consumidores não geram conexões duradouras.

A inteligência emocional, abordada em um capítulo dedicado, emerge como uma habilidade indispensável para liderar essa integração. Um líder emocionalmente inteligente consegue compreender e atender às necessidades dos colaboradores enquanto constrói relacionamentos significativos com os clientes. Ele entende que, para motivar sua equipe e engajar seu público externo, é preciso demonstrar empatia, comunicar-se de forma clara e criar um ambiente onde todos se sintam valorizados.

A resiliência, outro tema central deste livro, também desempenha um papel crucial na liderança integrada. Empresas enfrentam crises, mudanças de mercado e, muitas vezes, resistências internas. Líderes resilientes não apenas superam essas adversidades, mas também inspiram suas equipes a fazer o mesmo, promovendo um senso de unidade e propósito comum. Essa resiliência se reflete na forma como os colaboradores lidam com os clientes, criando uma experiência de marca consistente mesmo em tempos de dificuldade.

A criatividade, explorada como uma ferramenta para inovação, complementa essa abordagem integrada. Líderes criativos conseguem pensar fora da caixa, encontrando soluções que beneficiem tanto os colaboradores quanto os consumidores. Por exemplo, ao projetar campanhas de endomarketing, a criatividade pode ser usada para engajar a equipe de maneiras inovadoras, enquanto no marketing externo, ela é a chave para criar experiências únicas que diferenciam a marca no mercado.

A gestão de mudanças, por sua vez, é o ponto onde todos esses conceitos convergem. Liderar uma mudança organizacional exige inteligência emocional para lidar com as resistências, resiliência para superar desafios, e criatividade para encontrar abordagens inovadoras. E, mais importante, exige uma visão integrada que considere o impacto da mudança tanto no cliente interno quanto no externo.

Um exemplo claro dessa integração pode ser visto em empresas que enfrentam transições significativas, como fusões ou lançamentos de novos produtos. Nesses momentos, o sucesso depende da capacidade do líder de comunicar a mudança de forma eficaz para sua equipe (endomarketing), ao mesmo tempo em que transmite confiança e entusiasmo aos clientes externos (marketing). Esse alinhamento é o que garante que a transformação seja bem-sucedida em todos os níveis.

Para criar essa conexão entre cliente interno e externo, o empresário precisa adotar uma abordagem de liderança que vá além do tradicional. Ele deve enxergar sua equipe e seus consumidores como partes de um mesmo sistema, onde cada interação – interna ou externa – contribui para a construção da reputação da marca e do sucesso do negócio.

Isso começa com a escuta ativa, tanto dentro quanto fora da organização. Pesquisas de clima organizacional, feedbacks de clientes e análises de mercado são ferramentas que ajudam o líder a entender as necessidades e expectativas de cada público. Mas a escuta ativa vai além de coletar informações; ela envolve agir com base no que foi ouvido, demonstrando que as opiniões e preocupações de todos são valorizadas.

A comunicação é outro pilar dessa integração. No ambiente interno, líderes que comunicam a visão da empresa de forma clara e inspiradora engajam suas equipes, promovendo um senso de propósito compartilhado. No ambiente externo, uma comunicação consistente e alinhada com os valores da marca constrói confiança e fidelidade entre os consumidores.

Finalmente, a liderança integrada exige consistência. Os valores que guiam a relação com os colaboradores devem ser os mesmos que norteiam a interação com os clientes. Empresas que tratam seus colaboradores com respeito, valorização e empatia geralmente veem esses mesmos princípios refletidos no atendimento ao cliente e na experiência de marca.

Este capítulo destaca que o sucesso de uma organização depende de sua capacidade de integrar pessoas e propósitos. Ao aplicar os conceitos apresentados neste livro de forma alinhada, você não apenas fortalecerá os laços internos e externos de sua empresa, mas também criará um modelo de liderança que inspira, engaja e transforma.

CAPÍTULO 11: O OLHAR ESTRATÉGICO PARA O CLIENTE INTERNO E EXTERNO – A CONEXÃO ENTRE ENDOMARKETING E MARKETING

Empresários muitas vezes se concentram exclusivamente no cliente externo – aquele que consome os produtos ou serviços da empresa. Embora esse foco seja essencial, ele é apenas uma parte da equação para o sucesso sustentável. O cliente interno, representado pelos colaboradores, desempenha um papel igualmente vital, pois é ele quem entrega a promessa da marca e constrói a experiência que o cliente externo vivencia. Negligenciar qualquer uma dessas perspectivas pode comprometer não apenas os resultados financeiros, mas também a reputação e a longevidade do negócio.

Endomarketing e marketing são ferramentas complementares que, juntas, criam uma estratégia integrada para conectar a organização a seus públicos internos e externos. Enquanto o marketing tradicional se preocupa em atrair, engajar e fidelizar clientes externos, o endomarketing – ou marketing interno – é voltado para o fortalecimento da relação entre a empresa e seus colaboradores. Quando essas duas abordagens trabalham em harmonia, o resultado é uma empresa mais coesa, resiliente e orientada para o cliente.

A psicologia desempenha um papel central nesse processo. No endomarketing, a compreensão das necessidades, motivações e expectativas dos colaboradores é fundamental para criar estratégias que promovam engajamento e alinhamento cultural. Já no marketing, a psicologia do consumidor ajuda a decifrar comportamentos e a criar experiências que atendam não apenas às demandas racionais dos clientes, mas também às suas aspirações emocionais.

No ambiente interno, o endomarketing começa com a valorização do colaborador como o principal embaixador da marca. Isso significa criar uma cultura organizacional onde cada membro da equipe se sinta reconhecido, respeitado e conectado aos valores e objetivos da empresa. Estudos mostram que colaboradores engajados têm 17% mais produtividade e 21% maior lucratividade em comparação com equipes desmotivadas. Esses números destacam a importância de investir em programas de comunicação interna, treinamentos e reconhecimento, que reforcem o papel estratégico de cada colaborador no sucesso do negócio.

Por outro lado, uma estratégia de marketing eficaz vai além de oferecer produtos ou serviços de qualidade. Ela constrói uma narrativa que ressoa com os valores e necessidades do cliente externo, criando uma conexão emocional que transcende o ato de compra. O marketing bem-sucedido entende que clientes não compram apenas produtos; eles compram experiências, histórias e o sentimento de pertencimento a algo maior.

Um exemplo prático da integração entre endomarketing e marketing pode ser observado em empresas como a Disney. Conhecida mundialmente por sua excelência em atendimento ao cliente, a Disney atribui esse sucesso à sua cultura interna. Os colaboradores, chamados de "elenco", passam por treinamentos intensivos que não apenas ensinam habilidades técnicas, mas também reforçam a importância de entregar uma experiência mágica aos visitantes. Esse alinhamento entre o cliente interno e externo cria um ciclo virtuoso onde a satisfação de um reflete diretamente na experiência do outro.

Empresas que desejam implementar uma abordagem integrada precisam começar pela escuta ativa. No endomarketing, isso significa conduzir pesquisas de clima organizacional e promover canais abertos para que os colaboradores expressem suas ideias e preocupações. No marketing externo, a escuta ativa se traduz em pesquisa de mercado, feedbacks de clientes e análise de tendências. Em ambos os casos, o objetivo é compreender profundamente as necessidades e expectativas do público para criar estratégias personalizadas e eficazes.

A comunicação é outro elemento crítico. No endomarketing, a clareza e a consistência das mensagens internas garantem que todos os colaboradores estejam alinhados com a visão e os valores da empresa. Isso inclui desde reuniões regulares para compartilhar resultados até campanhas internas que celebrem conquistas coletivas. No marketing, a comunicação eficaz envolve transmitir a identidade da marca de maneira coesa em todos os canais, garantindo que os clientes externos percebam a empresa como confiável e autêntica.

Um erro comum de muitas organizações é tratar o endomarketing e o marketing como iniciativas separadas. Na verdade, eles são interdependentes. Um colaborador que entende e acredita na missão da empresa transmite esse entusiasmo ao cliente externo, criando uma experiência que fortalece a lealdade e o engajamento. Por outro lado, uma campanha de marketing que reflete os valores internos da organização reforça a conexão entre os colaboradores e o propósito maior da empresa.

A psicologia do endomarketing também destaca a importância do reconhecimento. Programas que celebram conquistas, sejam elas individuais ou coletivas, têm um impacto significativo na motivação e no desempenho. Reconhecimento não é apenas uma questão de recompensas financeiras; ele inclui elogios públicos, oportunidades de desenvolvimento e a valorização do esforço diário.

No marketing externo, o reconhecimento assume a forma de personalização. Clientes desejam ser tratados como indivíduos, e não como números. Estratégias que utilizam dados para criar experiências personalizadas – como e-mails que sugerem produtos com base no histórico de compras ou interações personalizadas nas redes sociais – demonstram que a empresa valoriza o cliente e está atenta às suas necessidades.

Além disso, a conexão emocional é um fator determinante tanto no endomarketing quanto no marketing. No ambiente interno, líderes que demonstram empatia e autenticidade criam um clima de confiança e pertencimento. No ambiente externo, campanhas que apelam às emoções dos clientes – como histórias inspiradoras ou ações sociais – geram identificação e lealdade à marca.

Finalmente, a integração entre endomarketing e marketing deve ser vista como uma jornada contínua. Assim como o mercado está em constante evolução, as expectativas de colaboradores e clientes também mudam. Empresas que revisam regularmente suas estratégias, adaptando-se às novas demandas, conseguem manter-se relevantes e competitivas.

No coração dessa integração está o entendimento de que o cliente interno e o externo não são entidades separadas, mas partes de um mesmo ecossistema. O sucesso de uma organização depende de sua capacidade de cuidar de ambos, criando um ciclo virtuoso onde o engajamento interno alimenta a satisfação externa, e vice-versa. Para o empresário, essa visão integrada não é apenas uma estratégia de negócio; é uma filosofia de liderança que coloca as pessoas no centro de todas as decisões.

CONCLUSÃO: LIDERAR COM PROPÓSITO – UMA JORNADA DE CRESCIMENTO E CONEXÃO

Concluir este livro é um marco importante, mas também um convite para refletir sobre o futuro da liderança e sua própria jornada como empresário. Ao longo destas páginas, discutimos os desafios emocionais, psicológicos e estratégicos que moldam a experiência empresarial, oferecendo ferramentas práticas para enfrentá-los. Contudo, mais do que estratégias, este livro é uma proposta de transformação: transformar a maneira como você lidera, conecta-se com os outros e constrói um legado.

A liderança, como vimos, vai além das métricas e dos resultados financeiros. Ela começa internamente, na forma como você gerencia suas emoções, supera suas limitações e encontra equilíbrio em meio ao caos. Exploramos a solidão da liderança como um dos primeiros e mais comuns desafios enfrentados pelos empresários. Essa solidão, muitas vezes mascarada pela aparência de força, é um obstáculo que pode ser superado por meio de redes de apoio, conexão genuína e o reconhecimento de que pedir ajuda é, na verdade, um ato de coragem.

A pressão por resultados foi outro tema central. Reconhecemos que essa pressão é inevitável no mundo dos negócios, mas também discutimos como ela pode ser equilibrada com práticas que priorizam tanto o bem-estar do líder quanto o da equipe. Reavaliar prioridades, redefinir o conceito de sucesso e aprender a delegar são passos essenciais para construir um ambiente onde desempenho e saúde mental possam coexistir.

A inteligência emocional destacou-se como uma competência indispensável para qualquer líder que deseja inspirar e criar conexões significativas. Não se trata apenas de entender suas próprias emoções, mas também de reconhecer e responder às necessidades emocionais de sua equipe e de seus clientes. Essa habilidade, mais do que qualquer outra, é a base para uma liderança que transcende os desafios do dia a dia e constrói relacionamentos duradouros.

Falamos também sobre a resiliência, uma habilidade que permite aos empresários enfrentarem crises e adversidades sem perder de vista seu propósito. Ser resiliente não significa ignorar os desafios, mas aprender com eles, adaptando-se e crescendo a partir de cada experiência. Essa capacidade de se reinventar é o que diferencia líderes excepcionais daqueles que sucumbem às dificuldades.

Os capítulos adicionais ampliaram essa discussão, trazendo temas essenciais para o cenário empresarial atual. A gestão de mudanças foi apresentada como uma habilidade indispensável, especialmente em tempos de transição e incerteza. Liderar equipes durante mudanças exige não apenas estratégia, mas também empatia, flexibilidade emocional e uma visão clara do futuro.

A criatividade foi explorada como uma ferramenta poderosa para a inovação. Em um mundo onde mudanças são constantes, a capacidade de pensar fora da caixa e encontrar soluções originais é uma vantagem competitiva crucial. Este livro mostrou como desbloquear esse potencial criativo, mesmo em momentos de alta pressão, e usá-lo para transformar problemas em oportunidades.

O olhar estratégico para o cliente interno e externo foi um capítulo de integração, destacando a importância de alinhar a experiência dos colaboradores com as expectativas dos clientes. Empresas que cuidam de suas equipes com a mesma dedicação que demonstram aos consumidores constroem culturas organizacionais fortes e marcas que deixam um impacto positivo.

Por fim, o capítulo sobre liderança integrada sintetizou todos os conceitos apresentados ao longo do livro. Ele reforçou a necessidade de alinhar pessoas e propósitos, criando um ecossistema empresarial onde o sucesso é sustentado por conexões genuínas e valores compartilhados. Essa integração não é apenas uma estratégia de negócios, mas também um modelo de liderança que promove sustentabilidade, inovação e impacto.

Liderar com propósito é o tema subjacente a todo este livro. Propósito não é apenas uma ideia abstrata; ele é o guia que orienta suas decisões, inspira sua equipe e conecta sua empresa a algo maior do que metas e lucros. O verdadeiro sucesso empresarial não se mede apenas em números, mas no legado que você constrói, nas vidas que você toca e nas mudanças que você promove.

Ao aplicar os conceitos e práticas discutidos aqui, você está investindo não apenas em seu crescimento como líder, mas também no futuro de sua organização e nas pessoas que a compõem. Você está construindo um modelo de liderança que combina estratégia com emoção, visão com empatia, e resultados com impacto humano.

Essa jornada, no entanto, não é linear. Haverá altos e baixos, momentos de dúvida e de grande realização. O importante é lembrar que cada passo, por menor que pareça, é um avanço em direção ao seu propósito. Este livro não é um manual definitivo, mas um ponto de partida para uma reflexão contínua e uma evolução constante.

Que este livro inspire você a continuar aprendendo, crescendo e liderando com coragem. Que ele o encoraje a criar um impacto positivo não apenas em sua organização, mas também no mundo ao seu redor. Liderar é um ato de transformação – de si mesmo, das pessoas e do ambiente em que você atua. E, ao liderar com propósito, você se torna mais do que um empresário de sucesso; você se torna um agente de mudança.

Lembre-se: o futuro da liderança é humano, integrado e emocional. Ele exige equilíbrio entre resultados e pessoas, entre visão e execução, entre estratégia e propósito. E ele começa com você.

Até breve!

www.ingramcontent.com/pod-product-compliance
Lightning Source LLC
Chambersburg PA
CBHW070415230526
45471CB00006B/2825